全国老年大学规划教材

U0683842

人邮体育　主编　张宇　编

老 年 人
游 泳
教 程

大图大字视频学习版

人民邮电出版社
北 京

图书在版编目（CIP）数据

老年人游泳教程 / 人邮体育主编；张宇编. -- 北京 : 人民邮电出版社，2023.12
ISBN 978-7-115-62219-8

Ⅰ. ①老… Ⅱ. ①人… ②张… Ⅲ. ①老年人－游泳－教材 Ⅳ. ①G861.1

中国国家版本馆CIP数据核字(2023)第134946号

免 责 声 明

内 容 提 要

本书是专门为老年人设计的游泳入门学习指导书，由游泳全国冠军示范技术动作。本书首先讲解了初次下水熟悉水性的简单练习，然后重点展示了蛙泳、自由泳、仰泳、蝶泳的技术细节。本书致力于为热爱游泳的老年人提供科学指导，在呈现形式上考虑老年人的阅读特点，采用大图大字的版面设计，并提供了部分技术动作的展示视频，能切实帮助老年人快速领悟技术要点，实现快速上手。

◆ 主　编　人邮体育
　　编　　　张　宇
　　责任编辑　林振英
　　责任印制　彭志环

◆ 人民邮电出版社出版发行　　北京市丰台区成寿寺路 11 号
　　邮编　100164　电子邮件　315@ptpress.com.cn
　　网址　https://www.ptpress.com.cn
　　北京瑞禾彩色印刷有限公司印刷

◆ 开本：787×1092　1/16
　　印张：6.75　　　　　　　　　2023 年 12 月第 1 版
　　字数：87 千字　　　　　　　2023 年 12 月北京第 1 次印刷

定价：38.00 元

读者服务热线：(010)81055296　印装质量热线：(010)81055316
反盗版热线：(010)81055315
广告经营许可证：京东市监广登字 20170147 号

序

近年来，随着老年人口的不断增大，我国陆续发布了《"健康中国2030"规划纲要》《关于促进养老托育服务健康发展的意见》《全民健身计划（2021—2025年）》《"十四五"国家老龄事业发展和养老服务体系规划》《"十四五"健康老龄化规划》等政策文件，以引导和促进实现积极老龄观和健康老龄化。这些政策文件中指出了可通过指导老年人科学开展各类体育健身项目，将运动干预纳入老年人慢性病防控与康复方案，提供文化体育活动场所，组织开展文化体育活动等措施支持老年人参与体育健身，丰富老年人的精神文化生活，全面提升老年人的身心健康水平与生活品质。

与此同时，作为我国老年人教育事业的重要组成部分，老年体育教育承担着满足老年人的体育学习需求，丰富老年教育的内容和形式，以及不断探索老年教育模式的责任，可长远服务于积极应对人口老龄化、实现教育现代化和建设学习型社会。

在上述背景下，人民邮电出版社有限公司作为建社70周年的综合性出版大社，同时作为全国优秀出版社、全国文明单位，围绕"立足工信事业，面向现代社会，传播科学知识，引领美好生活"的出版宗旨，基于在信息技术、摄影、艺术、运动与休闲等领域的领先出版资源、经验与地位，策划出版了"老年人体育活动指导系列图书"（以下简称本系列图书）。本系列图书是以指导老年人安全、有效地开展不同形式的体育活动为目标的老年体育教育用书，并且由不同体育领域的资深专家、学者和教育工作者担任作者和编委会成员，确保了内容的专业性与科学性。与此同时，本系列图书内容覆盖广泛，包括群众基础广泛、适合个人习练或进行团体表演的传统武术与健身气功领域，具有悠久传承历史、能够极大丰富老年生活的棋牌益智领域，包含门球、乒乓球等项目在内的运动专项领域，致力于在一定程度上解决慢性疼痛、慢病预防与控制、意外跌倒等老年人突出健康问题的运动功能改善训练领域，以及涵盖运动安全、运动营养等方面的运动健康科普领域。

　　本系列图书在内容设置和呈现形式上充分考虑了老年人的阅读和学习习惯，一方面严格按照循序渐进的原则进行内容讲解，另一方面通过大图大字的方式分步展示技术动作，同时附赠了扫码即可免费观看的在线演示视频，以帮助老年人降低学习难度、提高训练效果，以及为相关课程的开展提供更丰富的教学素材。此外，为了更好地适应和满足老年人日益丰富的文化需求，本系列图书将不断进行内容和形式上的扩充、调整和修订，并努力为广大老年读者提供更丰富、更多元的学习资源和服务。

　　最后，希望本系列图书能够为促进老年体育教育发展及健康老龄化进程贡献微薄之力。

在线视频访问说明

本书提供部分技术动作的教学视频，您可通过微信"扫一扫"，扫描下方或动作讲解页面上的二维码进行观看。

步骤 1　打开微信"扫一扫"（图①）。

步骤 2　扫描上方或动作讲解页面上的二维码，扫描后可直接进入动作视频观看页面（图②）。

图①　　　　　　　　图②

目录

1

第一章

基础练习

　　很多初次入水的人都会有害怕水的心理，因此有必要通过训练来逐渐熟悉水性。除了了解水的特性外，还应多与水接触，享受在水中的乐趣，逐渐适应水中的环境。为此，我们建议采用逐步练习的方法，首先从岸边打水开始，然后逐渐进入水中，接着利用浮板进行练习，最后逐步脱离浮板。这种循序渐进的基础练习，可以让学习者更容易适应水中的环境，并减轻对水的恐惧心理。

准备

右腿上抬打水

左腿上抬打水

练习步骤

1

双手撑地坐在池边，双腿伸直并靠拢，双脚绷直。

2

右大腿发力，带动右侧小腿、脚部上抬打水。同时左腿向下打水至水中。

3

当整个右腿与水平面接近平行时，大腿开始向下移动，进行下打水至微屈膝30度，同时换左腿上抬打水。

特别提示 🛟

岸边打水可以帮助初学者逐渐适应水中的环境，初步掌握打水姿势和节奏，并增强在水中运动的信心和掌控能力，为后续练习游泳技能打下良好的基础。

扫码看视频

① 准备

② 左脚下落

③ 右脚下落

④ 入水

练习步骤

1
背对泳池双脚站于扶梯第一阶，双手扶住扶梯栏杆。

2
双手紧握扶梯栏杆，左脚下落至扶梯第二阶。

3
右脚下落至扶梯第三阶。

4
双脚交替下移至水中。

练习步骤

手握浮板置于胸腹部，身体下沉。肩膀入水，双腿屈膝，大腿尽量上提并向浮板靠近，身体自然浮起。这个练习有助于游泳初学者进一步感知水的特性，寻找身体位于水中的漂浮感与平衡感。

特别提示

脚部动作

在水中进行漂浮练习时，抱着浮板可以减轻身体负担，双脚向下自然伸展，可以保持身体平衡，当双脚触及池底时，通过调整身体姿势保持平衡并站稳，同时注意保持呼吸和身体放松。

扫码看视频

① 吸气

② 浸入水中

③ 呼气

④ 抬头

练习步骤

1

双手扶住池边，双腿向后充分伸直，使身体呈一条直线。抬起头部，吸气。

2

完成吸气后将头部浸入水中，憋气一段时间。

3

在抬起头的过程中，嘴部和鼻腔慢慢向外呼气。

4

呼气结束，头部完全抬出水面，重复整个呼吸练习 5~10 次。

呼气

吸气

练习步骤

1

双手放于浮板上，手臂伸直，抬头吸气，双腿交替打水，保持稳定；接着将头部浸入水中憋气，随后缓缓呼气。此过程中，打水动作要保持稳定的节奏。

2

略感呼吸困难时，头部出水，吸气，双腿保持打水。

练习步骤

练习者站于泳池，屈膝下蹲，双臂向前伸直，缓缓入水，保持半蹲姿势，在池底憋气一段时间。感觉到在水下呼吸略有困难时，浮出水面。

特别提示 🛟

克服怕水心理

该练习有助于克服怕水心理。初学者可在教练的陪同下潜入水底，初步感知在水中的视野，练习长时间憋气，缓解怕水的心理。

练习步骤

在水上吸气之后，闭嘴憋气，屈髋屈膝下蹲，缓慢潜入水中，逐渐用嘴和鼻子呼气并潜至池底，用双手碰触池底。待要换气时，站直身体露出水面。

特别提示 🛟

错误示范

双手未触碰到池底。

双臂未伸直。

重心不稳。

扫码看视频

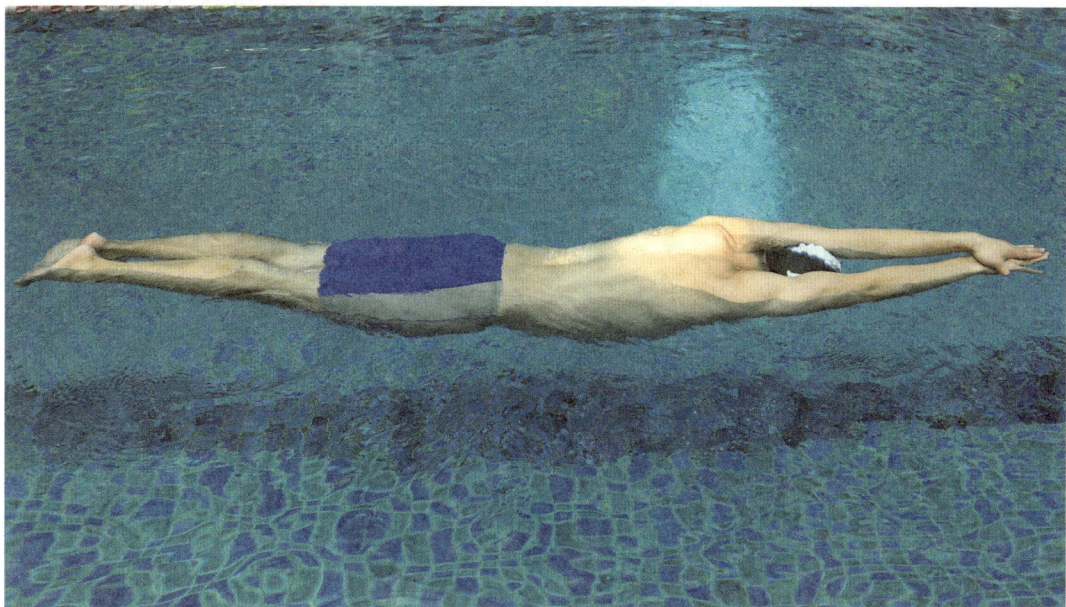

练习步骤

首先保持抱膝浮体的姿态，待身体平衡后，腿部向后伸展，双腿并拢，手臂前伸，头部处于双臂间，目视下方，身体呈俯卧姿势漂浮，身体放松。

特别提示 🛟

通过本练习，学习者可以更好地掌握漂浮的技巧，让身体在水中更加轻盈地漂浮，体验游泳时的感觉，加深记忆，以便在游泳时更好地运用。

动作变式

大字形俯卧漂浮

在熟悉基础的俯卧漂浮动作后，可以增加动作难度，即双臂向两侧伸直至与肩平行，双腿分开。

握住浮板
站于水中

自然漂浮
于水面

练习步骤

1

站立于水中，双手交叉扶住浮板，保持身体平稳。

2

头向后仰，双腿伸展，调整呼吸，保持全身放松，浮于水面。通过训练，可增强腰腹力量，保证身体更自然地上浮。

扫码看视频

练习步骤

首先站立于水中，保持身体平稳。双腿蹬地，身体后仰，利用手臂划水保持稳定。接着身体放松，双腿伸展，双手自然放于大腿上，调整呼吸，身体自然漂浮于水面。

动作变式

大字形仰卧漂浮

在掌握了借助浮板的仰卧漂浮后，可以脱离浮板，进行仰卧漂浮练习。随着动作的熟练，可以进行"大"字形的变式练习。

扫码看视频

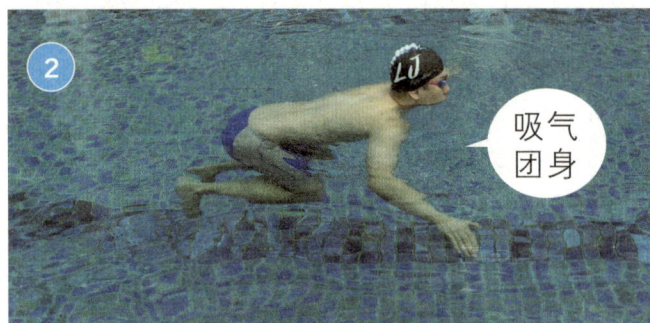

① 准备

② 吸气团身

③ 大腿后伸

④ 蹬水滑行

练习步骤

1
站立于水中，双臂向前打开，目视前方。

2
双腿蹬地，双手从两侧向外、向下划水，使下半身漂浮起来。

3
大腿后伸，双手划水保持平衡。

4
双臂伸直夹住头部，双手交叠，指尖伸直，上身呈直线。双脚向后、向下蹬，身体向前、向上跃出并滑行，在滑行过程中身体保持流线型，手臂和腿部收拢。

扫码看视频

① 准备

② 吸气后下蹲

③ 蹬池底

④ 向前、向上滑行

练习步骤

1

站立在泳池的池壁前，双手扶住浮板中段。

2

在水上深吸气，屈膝，降低重心，头、肩逐渐入水，脚尖踩池底。双臂伸直，在头部两侧夹住头部。

3

接着双脚用力蹬池底，推动身体向前、向上移。双臂向前伸直，向前、向上滑行，使上身与水面平行。

4

借助双脚蹬池底的推力，使身体呈流线型向前滑进。过程中尽量保持身形不变，身体尽可能滑行得更远。

准备

双脚抬起

双脚踩水

练习步骤

1

漂浮于水中，肩膀及以下部位浸入水中。双臂向两侧伸直。双腿伸直，两脚尖靠拢。

2

双脚先向后上移动，再向外、向下夹蹬。双臂配合向两侧划水。

3

连贯进行踩水动作，如此循环练习。

特别提示

踩水是一项非常实用的技能，无论是在渡河还是进行水上救援时，都能派上用场。在踩水时，应该保持双腿同时运动，并注意保持自然呼吸。

扫码看视频

① 右腿屈膝

② 左腿屈膝

练习步骤

🏊 1 ~ 2

漂浮于水中，肩膀及以下浸入水中。双臂向前水平伸直。右脚先向后再向外、向下夹蹬，右脚向下夹蹬的时候，左脚向后、向外下夹蹬。如此交替踩水进行练习，注意双臂始终保持前伸微划水，调节身体保持平衡。

2

本章重点介绍蛙泳的技术动作和训练方法。随着游泳运动的不断发展，蛙泳技术也在不断改进和创新，经过变革后的蛙泳技术更加强调减小阻力和身体协同发力，游泳者可体会到更高效、更舒适的游泳体验。

手臂动作

① ②

③

双臂向外打开

练习步骤

1

双腿开立，近于肩宽，上身前俯，双臂向前伸直，双手掌心向下。

2

保持肘部伸直，掌心由向下慢慢转为向外。

3

转手掌的同时，手臂向外打开。

④

⑤

内划收手

⑥

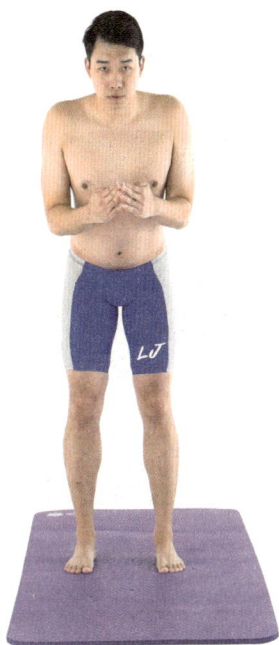

⑦

④

手臂张开约 45 度时，肘部弯曲，掌心由外向内，加速向内划水，同时上身向上抬。

⑤

将水推向身体内侧，此时上身处于较高的位置。

⑥

将肘部收于腋下，双臂贴紧身体。

⑦

向前伸直手臂，掌心由向上转为相对，再到向下，同时上身前俯。

扫码看视频

吸气，手臂前伸

练习步骤

1

俯卧于泳池边，腹部及以下的部位位于岸上，双腿向后伸直，手臂向前伸直，掌心和面部朝下。

2

掌心向外翻转，双臂向外划水，然后双肘屈曲，双臂向内划水。双臂划水的同时，上身向上抬。

3

掌心向内翻转，双臂向前伸，同时上身下倾，直至回到起始姿势。

特别提示

划水时注意呼吸要均匀。

扫码看视频

练习步骤

1

站于水中，上身前俯，双臂向前伸直，两手靠近，头部没入水中。掌心向外翻转，双臂向外划水。

2

双臂继续向外划水。手臂张开约 45 度时，肘部弯曲，掌心由外向内，加速向内划水，同时上身向上抬。

3

将水推向身体内侧，双臂贴紧身体。此时上身处于较高位置。

4

掌心由向上转为相对，再到向下，掌心转向的同时伸直手臂，同时上身前俯。

跳起夹水

1

练习步骤

1

身体直立，双脚分开，与肩同宽，双手自然放于身体两侧，目视前方。

2

以脚跟为轴，双脚外旋至最大限度。

2

双脚外旋

特别提示 🛟

跳起夹水是一项重要的游泳技巧，可以帮助游泳者提高游泳速度和效率，但也需要注意正确的姿势和跳跃力度，以及快速调整和稳定落地的能力。

③

④

跳起

⑤

练习步骤

3

屈膝，双膝间距等于肩宽，同时双臂屈肘置于腰部两侧。

4

借助膝部伸展和脚蹬地的力量迅速向上跃起，同时双臂上伸，双腿靠拢，脚背绷直。

5

双脚自然落下，然后回到起始姿势，如此重复动作数次。

扫码看视频

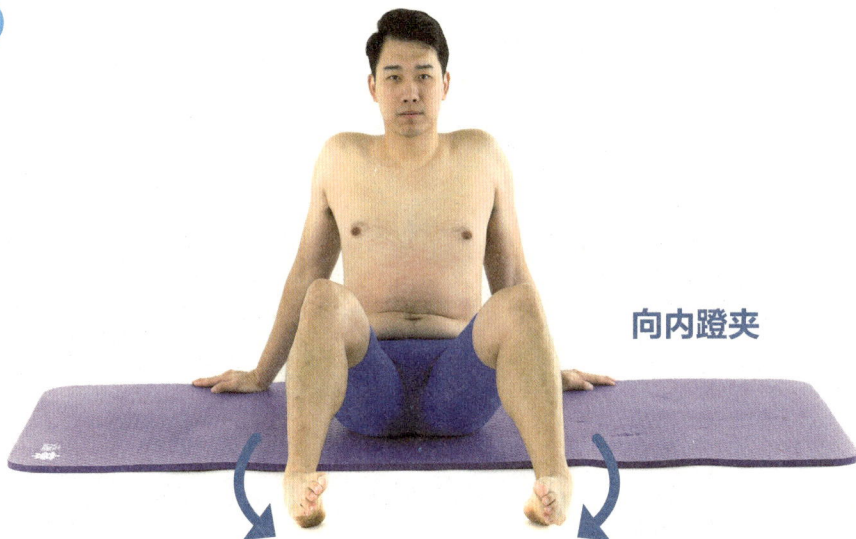

① 向外翻脚

② 向内蹬夹

练习步骤

1 坐于垫面，上身后仰，双手撑于垫面，双腿屈膝，脚掌向外翻，脚跟着地，目视前方。

2 双脚内翻，做向内收的动作，上身保持不动。

扫码看视频

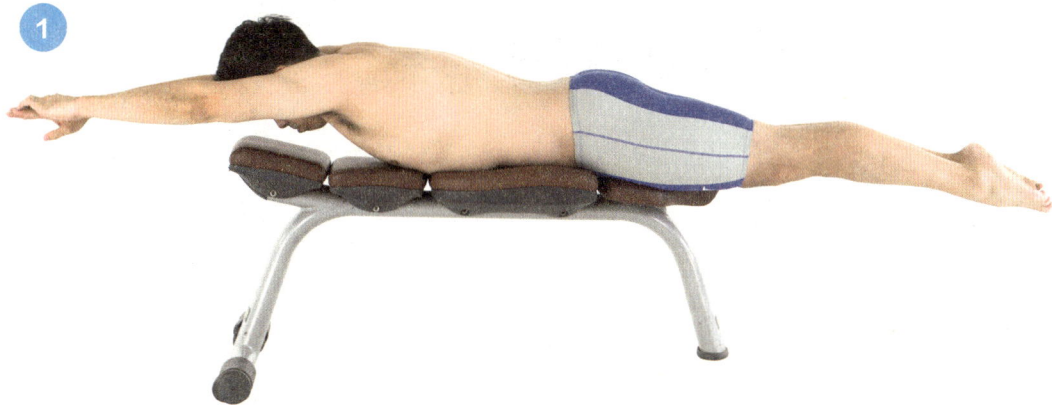

练习步骤

1

身体俯卧在训练凳上，双臂向前方充分伸展，两手交叉相叠，双腿向后方充分伸展，双脚脚背绷直，脚尖稍稍朝内。

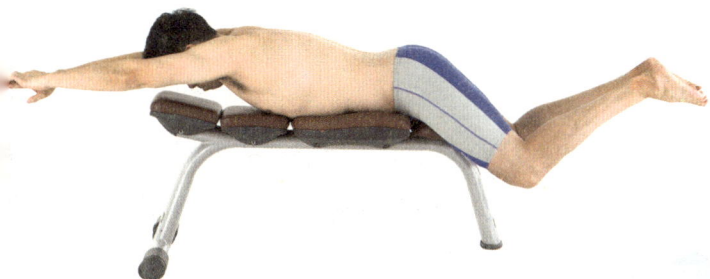

2

屈膝收腿，脚跟向臀部靠拢，膝部下移。

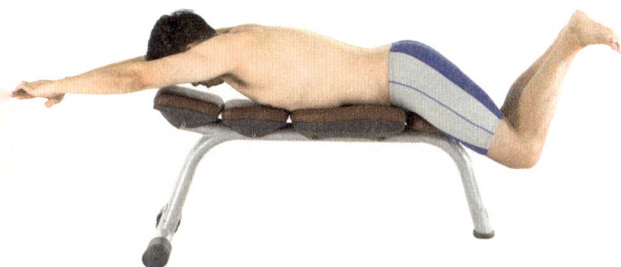

3

小腿贴近大腿，双膝稍稍打开。勾脚，脚底朝上，脚尖向外，双脚外翻，使脚弓和小腿内侧对着蹬水方向。

4

双脚外翻，向后蹬水

5

6

4

腰部和大腿发力，小腿和脚底向后蹬水。

5

脚掌外翻蹬水后，双腿径直向下方打出，不要向左或向右偏。

6

打水结束时，脚跟加速内旋，双腿伸直，自然并拢。

特别提示 🛟

蛙泳腿部动作的关键在于动作速度和力量的变化，应逐渐加快动作速度，同时力量也应逐渐加大。

练习步骤

1

身体俯卧于池边，双臂前伸，肩部放松，让身体尽量平卧，双腿向后伸直，处于水中。

2

屈膝收腿，脚跟向臀部靠拢，小腿贴近大腿。勾起脚板，脚底朝上，脚尖向外，双脚外翻，脚和小腿内侧对着蹬水方向。

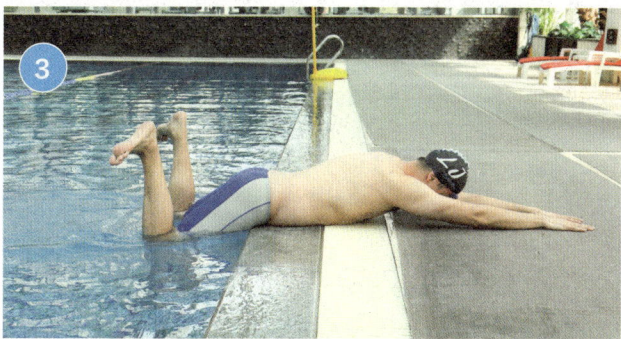

3

腰部和大腿发力，双脚外翻，小腿和脚底向后蹬水。

4

脚掌外翻蹬水后，双腿径直向下方打出。蹬腿结束时，脚跟内旋，双腿伸直，自然并拢。

练习步骤

1

双手握紧浮板，双臂向前伸直，肩部放松，收腹，让身体平稳漂浮。然后头部入水，双脚向臀部靠近，感受水的阻力，先向两侧、后向内侧做蹬水动作，注意双脚不能出水。

2

完成蹬水后，双腿径直向下方打出，做蹬夹水动作。在滑行阶段抬头吸气。

练习步骤

1

双臂向前伸直，双手交叉相叠，身体自然放松，呈流畅的流线型。运用腰腹部力量保持身体平稳。

2

屈膝收腿，脚跟向臀部靠拢，小腿贴近大腿，大、小腿夹角为 30~45 度。

3

勾起脚板，脚底朝上，脚尖向外，双脚外翻，使脚弓和小腿内侧对着蹬水方向。腰部和大腿发力，小腿和脚底向后蹬水。

4

打水结束时，脚跟内旋，双腿伸直，自然并拢。

水上完整动作

扫码看视频

练习步骤

1

肘部伸直，掌心下转的同时手臂向斜下方划水，当手臂打开约与上身呈45度时，手腕开始弯曲，掌心由外向内转，手臂带动肘部加速向内划水，这时上身处于一个较高的位置。

2

双臂贴紧身体，掌心由向上转为相对，双手合并。屈膝收腿。

3

慢慢伸直手臂，手掌随之向下转。同时双脚外翻，使脚和小腿内侧对着蹬水方向。

④

⑤

练习步骤

4

腰部和大腿发力，小腿和脚底向外蹬水。双臂前伸后向外打开，双臂向外划。

5

双臂屈肘收回，屈膝收腿，双脚外翻，借由水的托力抬高上身，头部出水，深吸一口气。

特别提示 🛟

整个动作过程中的速度由慢至快，力量从小到大。蹬夹腿时不要过急，否则会造成技术动作不协调，影响效果。无论是在蛙泳还是其他泳姿中，保持良好的流线型滑行姿势非常重要。在腿部动作结束后，保持较好的流线型姿势可以减小形状阻力和波浪阻力，提高游进速度。

① 游向池边

② 触摸池壁

③ 转身蹬壁

④ 伸直手臂

练习步骤

1

以蛙泳泳姿游向池壁，快要到达池边时，伸直手臂并尝试接触池壁。

2

最后一次蹬腿后，前伸的右臂在水下触壁，注意此时手的位置要高于头。

3

右手离开池壁并迅速收回，左手顺势向左后方滑行。在触壁转身的同时，双腿同步屈膝，向池壁方向靠拢。

4

吸气，头部没入水中，双臂伸直举过头顶。双腿发力将身体蹬离池壁，身体利用推动力滑行 2~3 秒。

终点动作

扫码看视频

练习步骤

1

临近终点的最后几次划水与换气动作要加速进行，并配合用力打腿，不能使用海豚式打腿。

2

蛙泳要求双手同时到达池壁，为减小阻力，双臂应并拢触壁。头部留在水中，面向池壁伸直身体。

3

第三章

自由泳

　　自由泳可以运用任何游泳姿势前进，但在比赛中，几乎所有运动员都选用爬泳的姿势进行比拼。爬泳的姿势受阻力小、速度均匀快速，因此爬泳几乎成了自由泳的代表动作。

扫码看视频

1

2

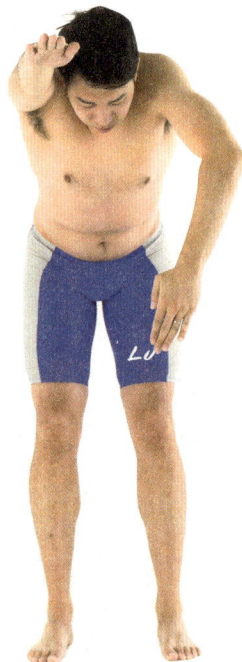

3

练习步骤

1

双腿开立，近于肩宽，上身前俯，模仿水中上身俯卧的姿势。双臂向头部上方打开伸直。

2

右臂保持不动，左臂略微屈肘，向下划。手掌伸直，与前臂在同一直线上。

3

左臂下划后，向后、向上划至左侧大腿的一侧。

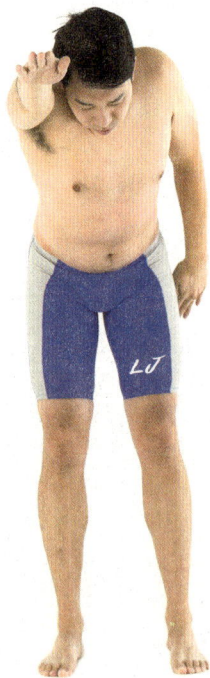

④　　　　　　　　⑤　　　　　　　　　⑥

左肘向前送

练习步骤

④

左臂从大腿后侧出水，小指先出水，然后肘部高抬。上身稍稍转向左侧。

⑤

在肩关节的带动下，左臂在身体一侧从后向前移动，即空中移臂。上身随之向回转。

⑥

左臂一直向前移动，手部的动作要领先肩部，然后手从头部前方充分伸展，入水。

特别提示

手臂在自由泳中的动作顺序为手部入水后的抱水、内划、上划、出水和空中移臂，最后再从头部前方重新入水。

1

2

3

练习步骤

1
双腿开立，近于肩宽，上身前俯，双臂向头部上方伸直打开。

2
右臂保持不动，左臂略微屈肘，向下划。

3
左臂下划后，向后、向上划至左腿大腿一侧。

④ **⑤** 转肩移臂 **⑥**

练习步骤

④

左臂开始出水，小指先出水，在肩关节带动下，上身左转，左臂抬高。

⑤

左臂向头部前方移动。

⑥

左臂前伸至头部前方，直至双臂平行。身体随之转向正面。

特别提示 🛟

在自由泳中，出水移臂是一个非常重要的动作，主要包括手臂的出水和空中移臂两个部分。出水的时候，手臂应该尽可能快地挣脱水面，并保持手臂伸直。随后，手臂开始进入空中移臂的过程，要保持手肘高度并紧贴耳侧，使得手臂能够更快地进入水中。

1

练习步骤

2

1 身体俯卧在训练凳上，双手握紧浮板，双臂向前伸直，双腿向后充分伸展，双脚脚背绷直，脚尖稍稍朝内。

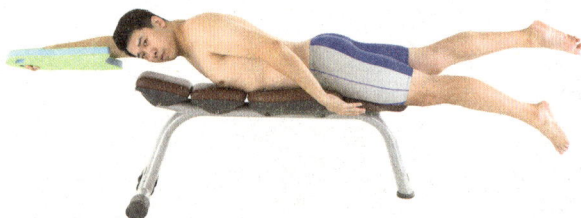

左臂屈肘，下划抓水

3

2 右手握紧浮板，右臂伸直，保持不动，左臂略微屈肘，向下划。同时左腿上打水，右腿下打水。

3 左臂下划后，再向后划至左腿大腿一侧，身体随之向左转动，脸部露出水面，吸气。同时左腿转入下打水，右腿转入上打水。

4

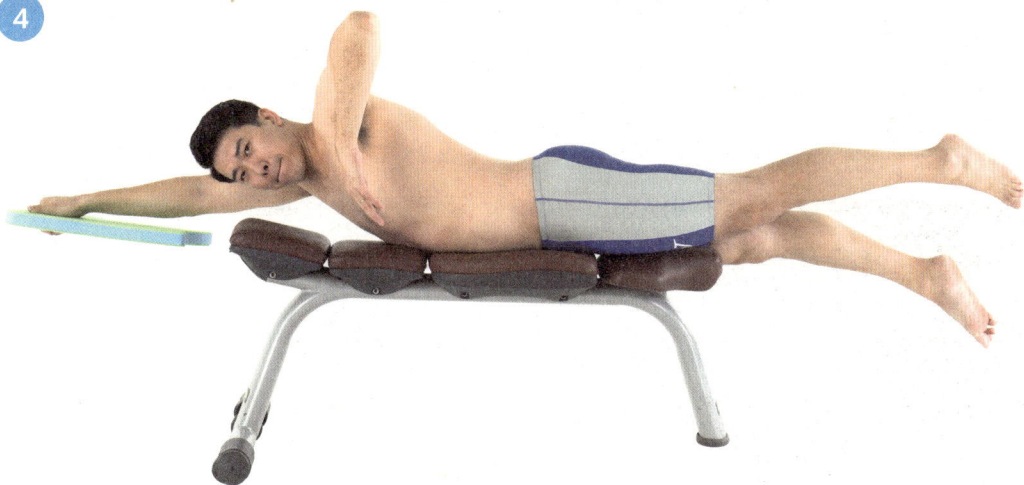

练习步骤

4

左臂从大腿后侧出水，小指先出水，然后肘部高抬。腿部交替打水。

5

左臂出水后向前上方移动，肩关节自然内旋。

6

左臂一直向前移动，手部的动作要领先肩部，然后手臂在头部前方充分伸展，入水，恢复为初始姿势。

5

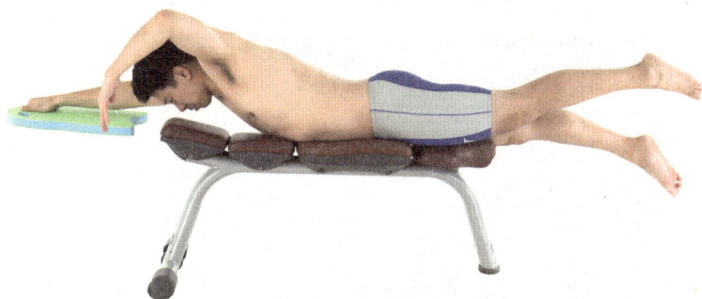

6

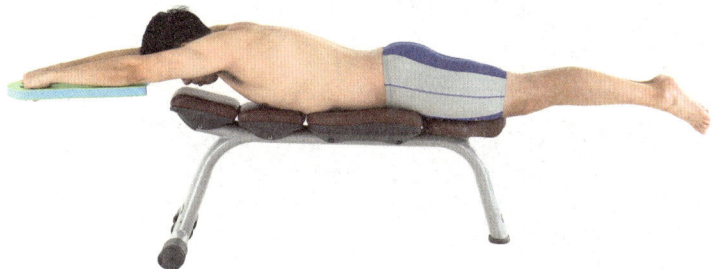

特别提示 🛟

左臂向下划至大腿一侧的同时转头吸气，注意动作的协调配合。

扫码看视频

练习步骤

1

俯卧在泳池边沿，身体和泳池边沿保持平行。手臂前伸。

2

右臂从头部前方入水，然后抱水。

3

右臂向身后推水，推至大腿附近、接近水面。

特别提示

半陆半水划水需要不断地调整呼吸节奏和方式。一般来说，可以采用侧面呼吸的方式，每划几下就转向一侧吸气，并在转向的瞬间呼气，以保持呼吸的顺畅和充分。

练习步骤

4

右臂出水，小指先出水，然后肘部抬高，在空中向前移臂。

5

右臂前移至头部前方，右肩的延长线上（与身体平行）。

6

右臂向前伸直，与左臂平行，放在泳池边沿。重复练习。

特别提示

半陆半水划水要注意身体平衡和手臂、双腿的协调。双腿自然弯曲，手臂划水力度和频率适宜。此外，在半陆半水划水时也要注意保持轻松的状态，减少身体的紧张和压力，以免浪费过多的体力和呼吸能量。

①

练习步骤

1

横坐在训练凳上，双手在身体两侧支撑身体，双腿向前伸展，膝关节伸直，绷紧脚背。

② **腿伸直，脚背绷直**

2

左腿大腿带动小腿上摆（模拟上打水）。脚背始终保持绷紧。右腿则同时大腿带动小腿下摆（模拟下打水）。

③

3

左腿转入下摆（模拟下打水），大腿带动小腿向下摆动。右腿则同时大腿带动小腿上摆（模拟上打水）。如此反复练习。

特别提示 🛟

脚背始终绷直，用腿打水。

1

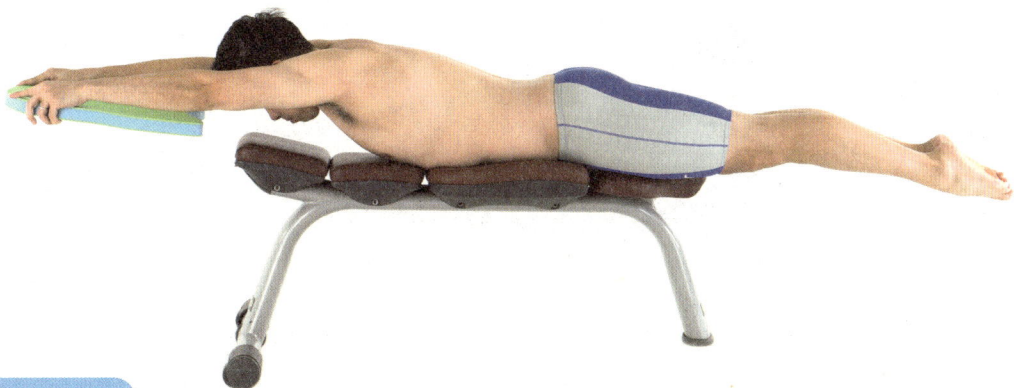

练习步骤

1

俯卧在训练凳上，双臂向前伸展，双手握住浮板前端两侧。双脚向后伸直，脚背绷直，稍稍内旋。

2

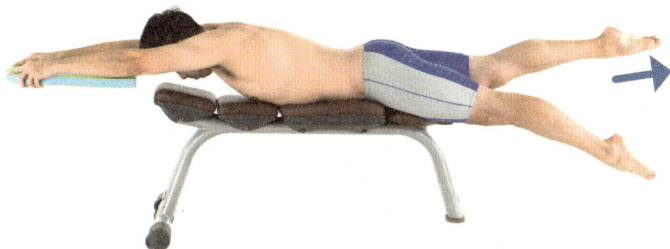

2

左腿大腿带动小腿上摆，进行上打水，踝关节伸展但保持放松。右腿则同时大腿带动小腿下摆，进行下打水。

3

直腿打水，脚背绷直

3

左腿上打水至略高于臀部，大腿停止摆动，转入下打水。同时，右腿转入上打水。反复练习。

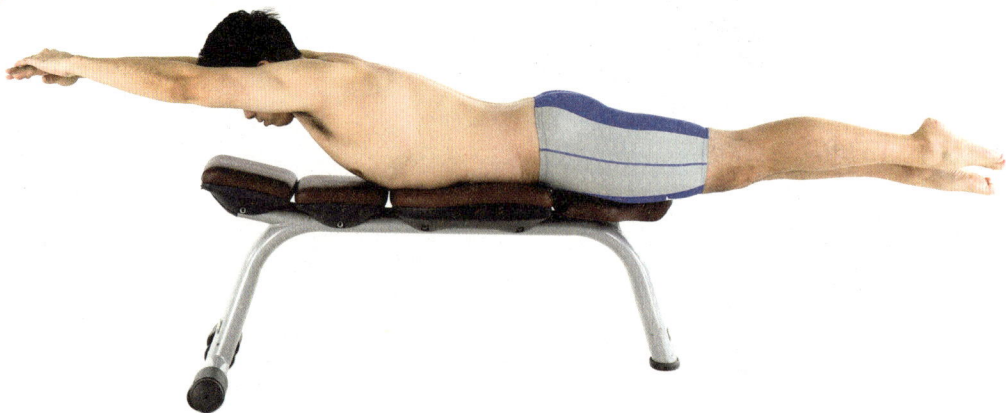

1

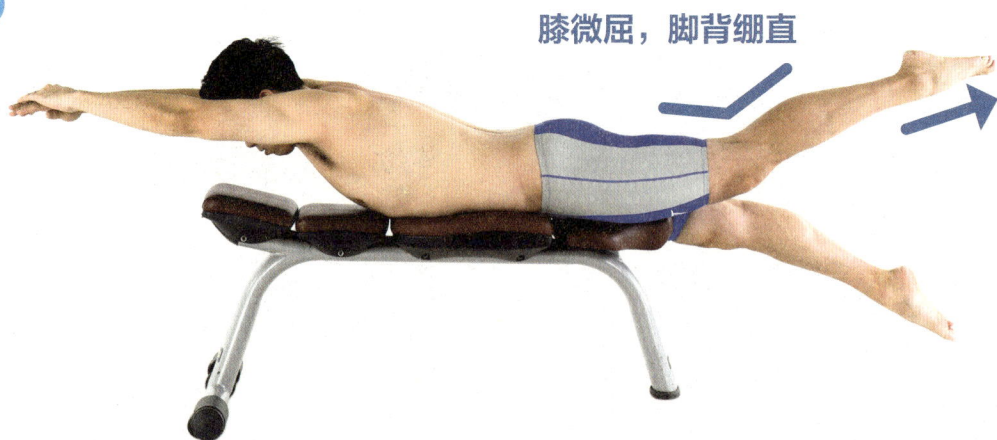

2

膝微屈，脚背绷直

练习步骤

1

身体俯卧在训练凳上，双臂向前充分伸展，两手交叉相叠，双腿向后充分伸展，双脚脚背绷直，脚尖稍稍朝内。

2

左腿发力，大腿带动小腿向上摆，摆动幅度不超过 30 厘米。膝部可以微屈，但脚踝不能屈曲。右腿下打水。

③

④

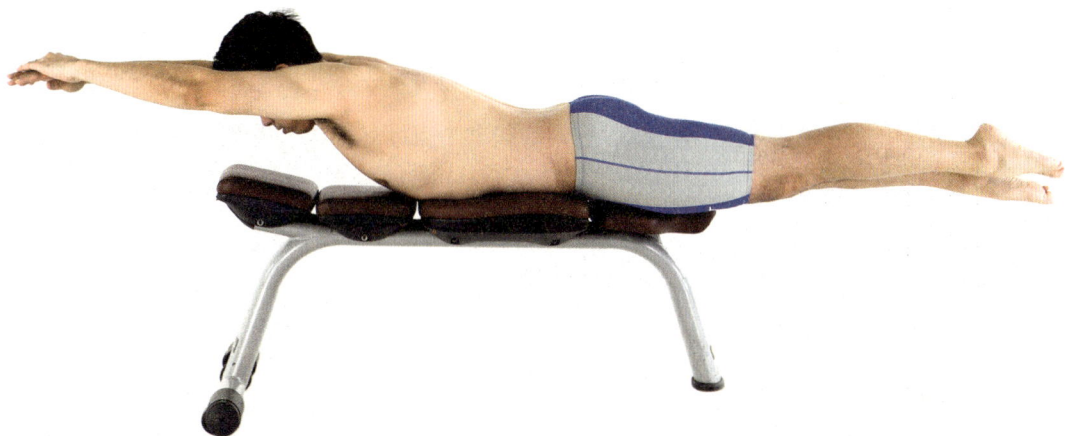

打水的幅度会随着打水速度的
提高而变小。

练习步骤

▶3

左腿上打水至略高于臀部，大腿停止摆动，小腿在惯性的作用下还会有
向上打水的效果；然后左腿转入下打水。接着右腿上打水。

▶4

双腿交替摆动，反复练习。

大腿发力，带动小腿打水

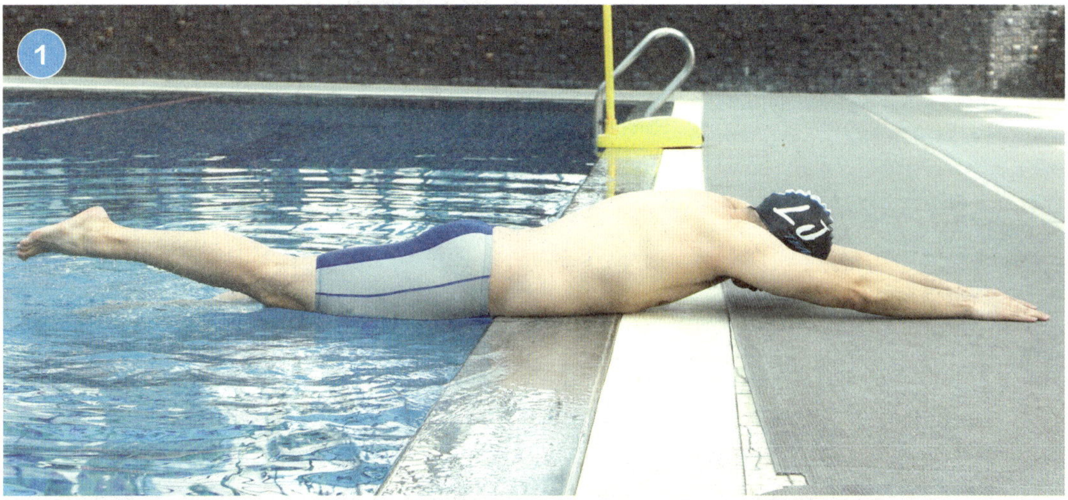

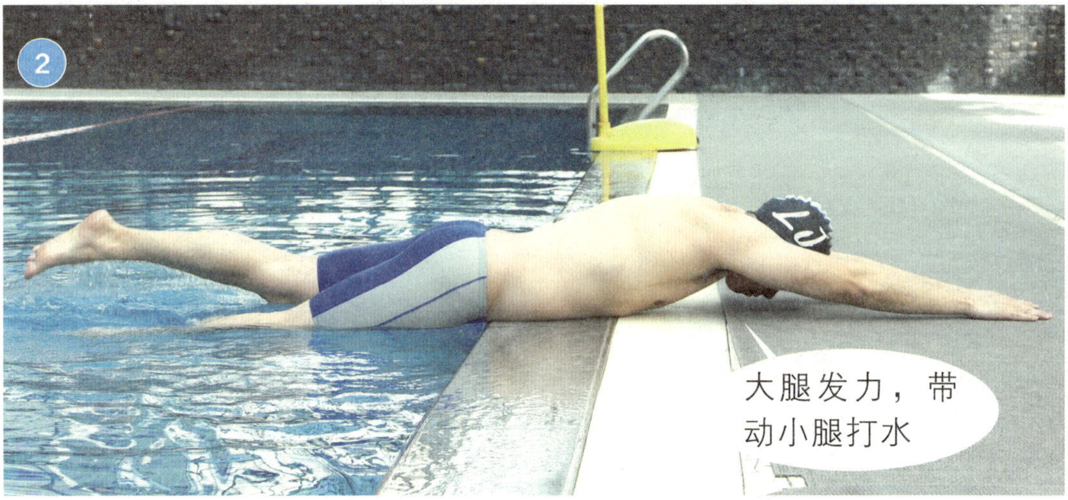

练习步骤

1

俯卧在泳池边沿，泳池的边沿刚好在腹部下沿。双手向前伸直，下巴内收。双腿向后伸直。

2

保持身体稳定，大腿发力，双腿交替打水。打水时，大腿发力，带动小腿做鞭状打水动作。打水的幅度控制在双脚之间的距离为30厘米左右。

右腿上打水，
左腿下打水

练习步骤

1

站在泳池中，双手扶住泳池边缘，抬起头部，肩部放松，双脚在池底站稳。

2

双腿借助水的浮力脱离池底向后伸直，与躯干呈一条直线。同时右腿大腿发力带动小腿和脚部上打水，左腿下打水。

3

当整个右腿与水面接近平行时，换左腿发力向上方移动。双腿轮流进行打水训练。

特别提示 🛟

大腿根部肌肉发力，用脚背与脚掌打水。

下巴抬起

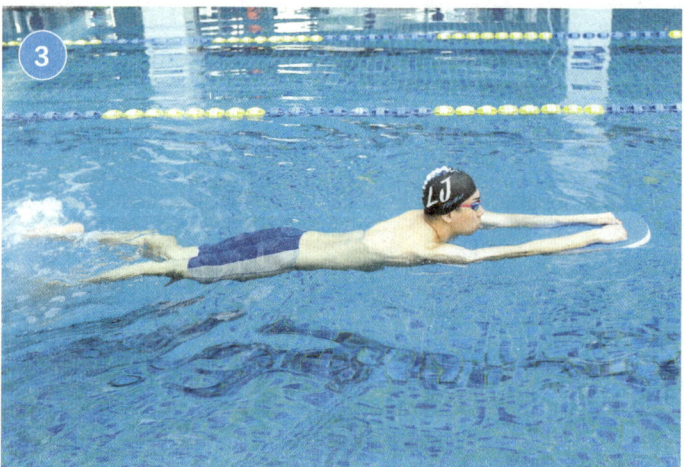

练习步骤

1

站在泳池中，双臂前伸，双手握好浮板。

2

双腿向后打开，伸直，并交替原地打水。下巴抬起，均匀呼吸。

3

双腿持续地交替打水，体会身体在水中漂浮起来的感觉。

特别提示

正确运用大腿发力，熟练掌握双腿鞭打状的打水节奏。

配合呼吸打水

练习步骤

1

站在泳池中，双臂前伸，握住浮板。

2

双腿向后伸直，使身体俯卧在水中，保持身体的流线型姿势。下巴上抬，双腿交替打水，推动身体前进。

3

深吸一口气，头部浸入水中，憋气，然后慢慢将气体呼出。双腿保持交替打水。

4

感觉在水中呼气接近完毕，头部伸出水面，将剩余的气一并呼出，再借助呼气的反作用力，深吸一口气。保持游进 10~20 米。重复练习 3~6 次。

徒手漂浮打水

练习步骤

1

站在泳池中，肩部以下浸入水中。双臂在身体两侧，保持身体平衡。

2

深吸一口气，憋气，头部入水，双臂、双腿分别向前、向后伸展，俯卧于水上，保持憋气。

③

全身放松，双
腿交替打水

④

练习步骤

③

身体呈流线型姿势，两手相叠，双臂前伸。眼睛向下看。右腿大腿带动小腿向上打水，左腿向下打水。

④

当右腿向上接近与水面平行时，右腿开始转入下打水，左腿开始转入上打水。双腿交替打水，推动身体前进。

特别提示 🛟

注意，上打水时，小腿不能露出水面，否则会影响推进力和游泳效果。

①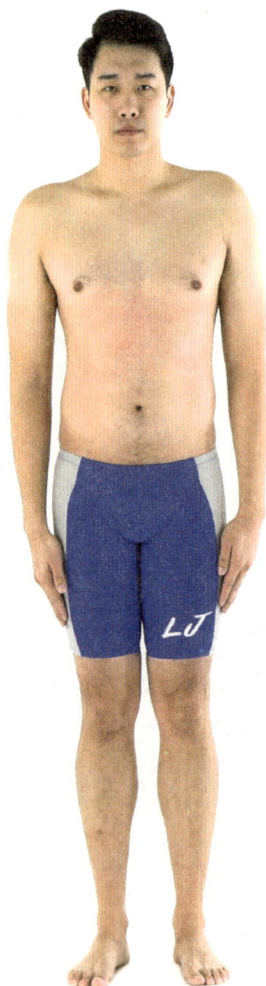

② **肩膀向左转动**
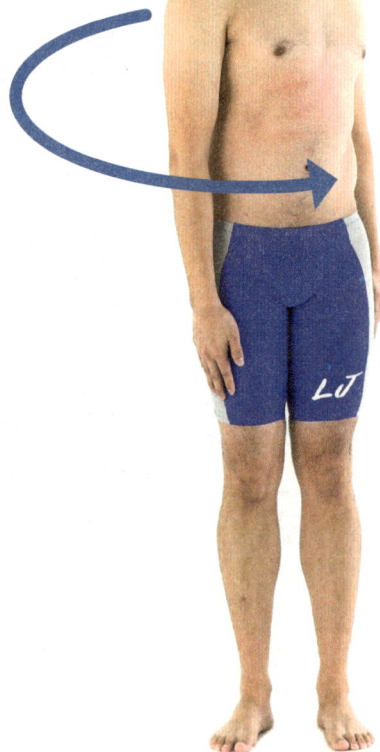

练习步骤

1

身体直立，双脚自然分开，双手放于身体两侧，挺胸抬头，目视前方。

2

保持手臂以及头部不动，向左转动肩膀。

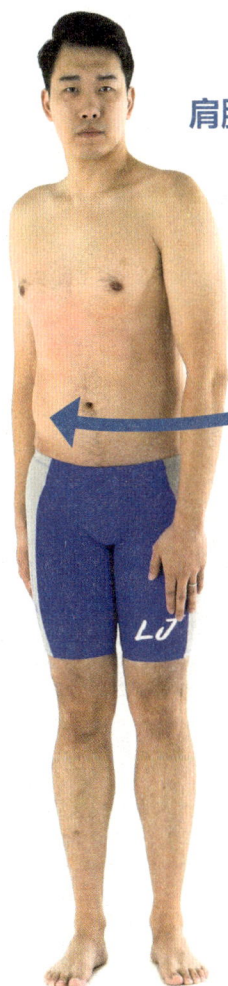

③

肩膀向右转动

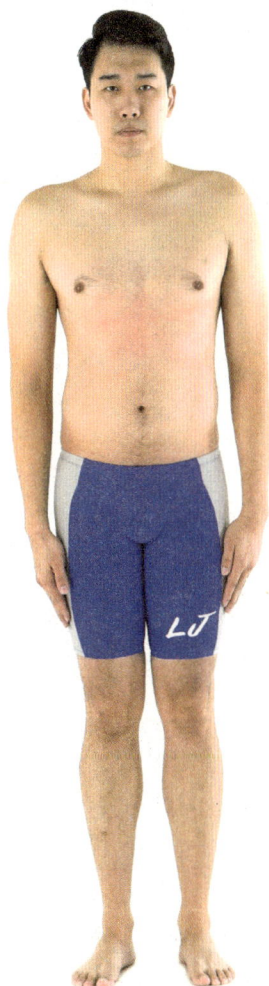

④

练习步骤

③ 回到起始姿势，再向右转动肩膀。

④ 恢复起始姿势，如此重复动作数次。

特别提示 🛟

转肩有助于换气流畅

颈部转动的范围有限，但是肩膀可以大幅度地转动。在转肩时尽量保持只转动肩膀。熟悉转肩动作后，换气会更加自然流畅。

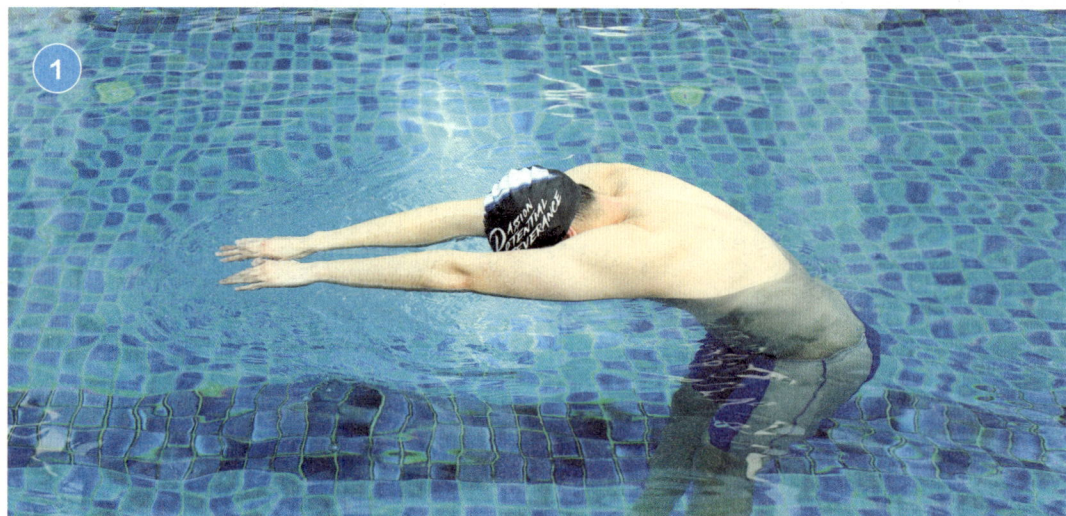

练习步骤

1

站立于水中，向前俯身，双臂向前伸直，掌心朝下，头部向下，目视池底。

2

左臂屈肘入水，往大腿方向划水。同时右臂前伸，带动头部和身体向左侧转动。

3

当头部露出水面时吸气。上臂带动前臂，上提肘部，将手臂移出水面。

4

在肩关节的带动下，左臂向身体前方移臂，做出手要插入水中的动作。

5

左臂继续向前伸直，头部进入水中，呼气。恢复起始姿势。

特别提示 🛟

在侧头换气时，需要抬高下巴。如果下巴位置过低，嘴巴和鼻子无法露出水面，可能导致呛水。

练习步骤

1

俯卧于泳池中，身体垂直于泳池边沿，左臂伸直，左手扶住泳池边沿。深吸一口气，将脸部浸入水中，右臂保持在大腿附近、接近水面的位置。双腿交替打水。

② 双腿交替打水几次后，身体向右侧转动，向右转肩，带动头部向右转，脸部出水，进行换气。再次脸部入水，重复练习。

特别提示

在转身时，应该紧收腹部核心肌肉，以脸部、肩部和髋部作为整体转向划水的手臂侧。同时，可以将打水、转身和换气三个动作练习结合在一起，以提高游泳动作的协调性，增强肌肉记忆，从而更快地掌握游泳技巧。

练习步骤

1

左臂在空中完成移臂后，向前伸直，上臂内旋。右臂屈肘并向下划，将水划至胸前，双腿交替打水。

2

右臂往大腿方向划水，上臂带动前臂，屈肘上提。同时转肩、转头吸气。

3

右臂出水后，逐渐弯曲肘部和手腕，肘关节处于上提状态。

特别提示 🛟

换气时要注意呼吸的节奏和方式，以保证足够的氧气供应和呼吸的顺畅。

4

在肩关节的带动下，右臂向身体前方移动。左臂屈肘，向下划。同时头部进入水中呼气。双腿交替打水。

5

右臂继续向前伸直。左臂划水至大腿位置，上臂带动前臂，屈肘上提。

6

左臂出水后肘部弯曲，并处于上提状态。在肩关节的带动下，手臂从空中向前移动。重复以上动作。

特别提示

自由泳时，身体需要左右转动。受双手划水动作的影响，身体自然会出现左右倾斜。游泳时是通过重心向前移动来前进的。

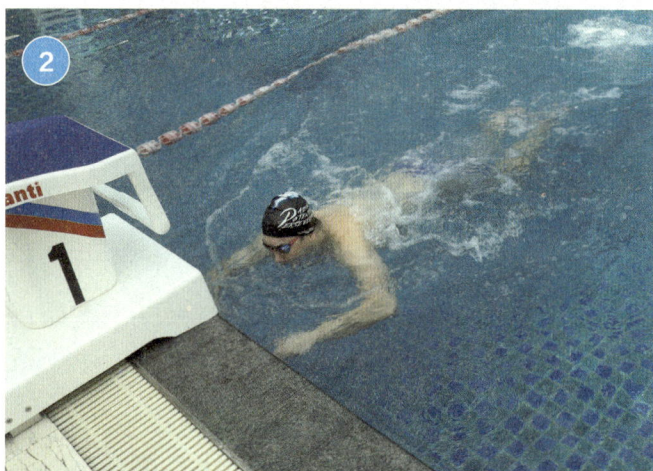

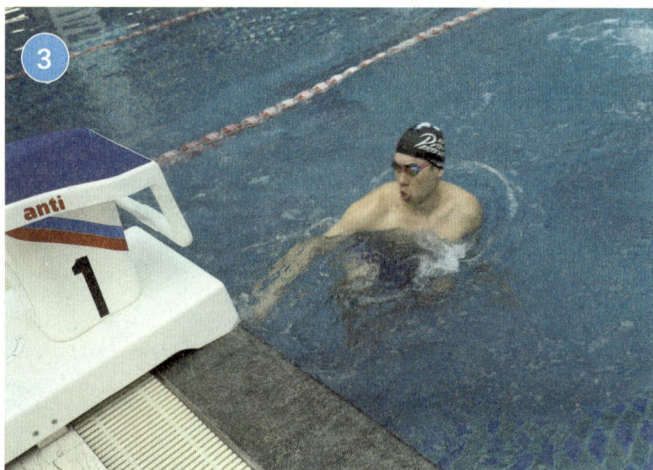

练习步骤

1

以自由泳泳姿游向池壁，快要到达池边时，伸直手臂试图触碰池壁，肘部锁定。

2

放慢速度，双臂屈肘，手掌触摸池壁，双腿保持并拢，膝盖微微弯曲。

3

双腿带动身体蜷缩收拢，右手放在池壁上，左手伸向身体一侧。

特别提示

转身时，利用双臂和腿部的协调配合，迅速扭转身体，保持身体在水中的稳定和平衡。

4

双脚用力蹬池壁，右手离开池壁并迅速收回。

5

双臂伸直举过头顶。

6

双脚继续用力，将身体蹬离池壁，身体借助推动力滑行 2~3 秒。

特别提示

身体在水中时，双臂向前伸直会帮助身体直线前进，有助于减少前进时水对身体的阻力。

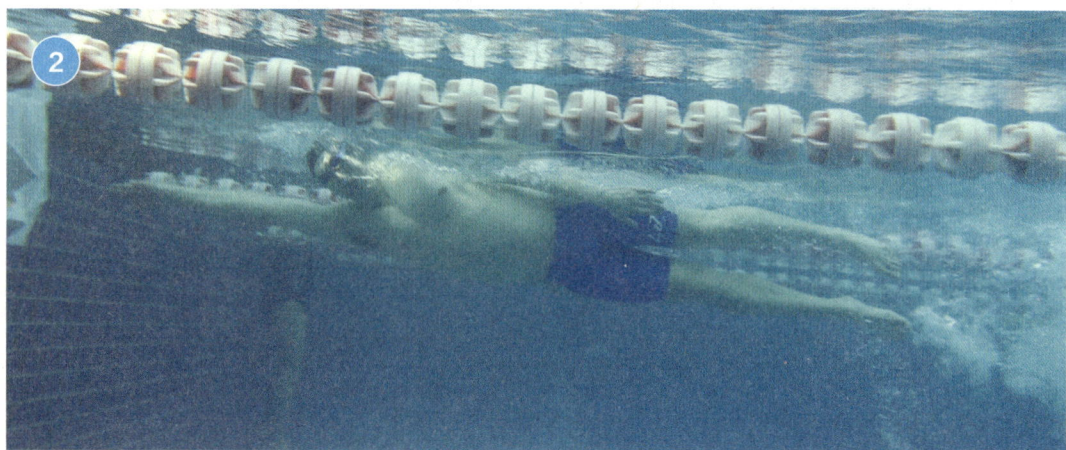

扫码看视频

练习步骤

1

快到终点时应加快换臂速度，一侧手臂高举后迅速升至水面，另一侧手臂则在水下加速划水。同时双腿需连续多次用力打水。

2

左臂屈肘入水，往大腿方向划水。同时右臂前伸，带动头部和身体向左侧转动。

4

第四章

仰泳

　　仰泳是以仰卧姿势在水中游进的泳姿，并且在比赛中是唯一在水中出发的泳姿。现代的仰泳动作表现为：身体平躺于水面之上，胸部向上挺起，与腹部成一直线，头部向后仰并浸没于水中，脸部露出水面，手臂交替划水，腿部交替上下打水配合游进。

1

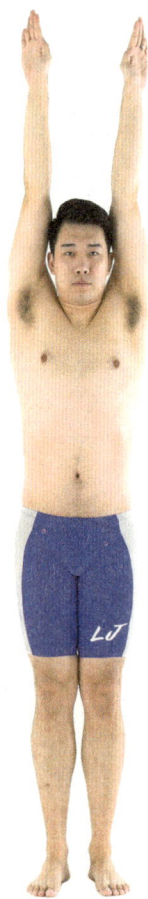 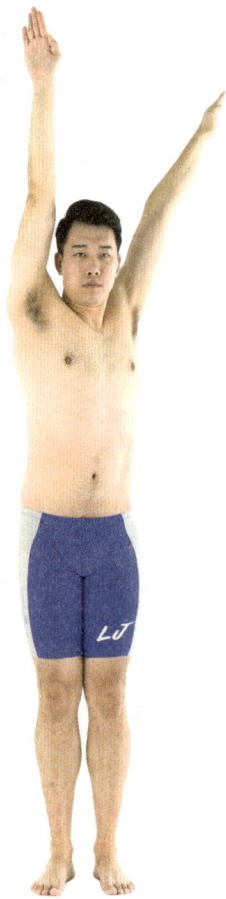 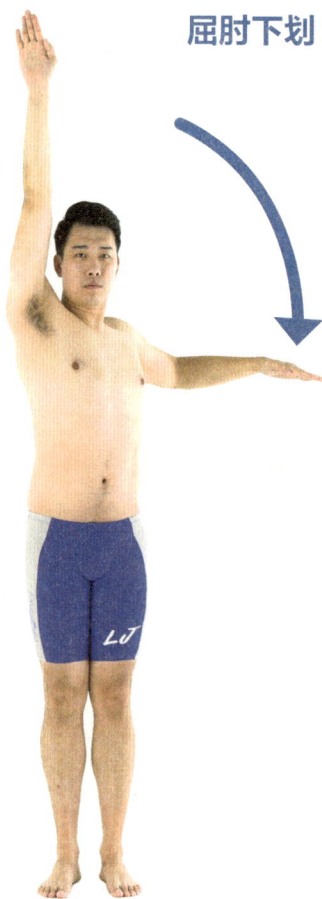

屈肘下划

练习步骤

1

双腿开立，双臂伸直，向上举过头顶，拇指贴着手掌内侧，掌心朝外。左臂向后、向下屈肘做划水动作。

2

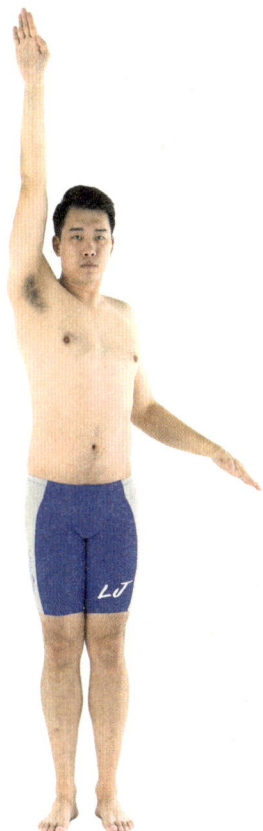
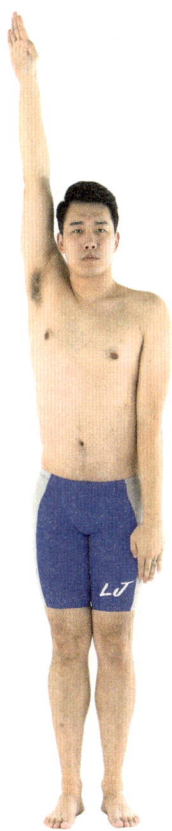

练习步骤

🌊 **2**

左臂划至髋部，恢复为直臂。右臂保持不动。

🌊 **3**

左臂从髋部继续向前、向上划，经过肩部前方，保持掌心朝外，再划到头顶上方，回至初始姿势。

3

向前、向上划

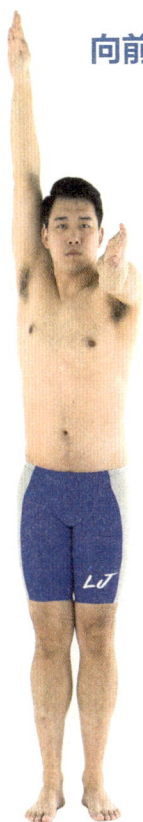
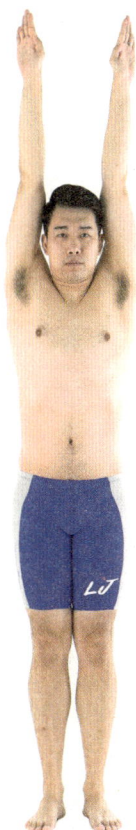

特别提示 🛟

在单臂划水时，要做到笔直压水，肘部与肩部在同一水平位置的时候，要保持腋下张开，让身体感受到水流的力量，带动身体向前游进。

扫码看视频

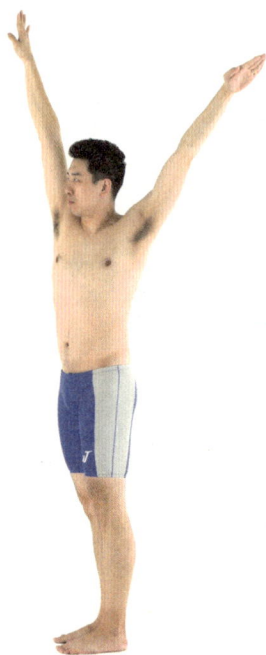

练习步骤

1

双腿开立，双臂伸直，向上举过头顶，掌心朝外。

2

左臂向左后方做划水动作，带动上身略微左转。

3

右臂保持不动，左臂继续向后、向下屈肘做划水动作，一直划至髋部。

屈肘转肩

④

⑤

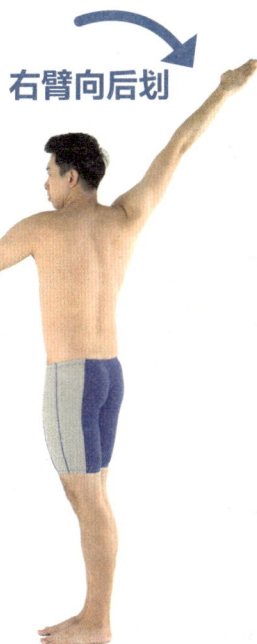

右臂向后划

练习步骤

④

左臂继续下划，直到恢复为直臂。

⑤

左臂伸直向前划，同时右臂向右后方划，带动上身略微右转。

⑥

左臂继续向前、向上划，右臂继续向后、向下划。交替练习划水动作。身体保持稳定。

⑥

划向体侧髋部

扫码看视频

练习步骤

1

横坐在训练凳上，双手在身体两侧支撑身体，双腿向前伸展，膝关节伸直，绷紧脚背。

2

左腿大腿带动小腿上摆（上打水）。脚背始终绷紧。右腿同时下摆（下打水）。

3

左腿转入下摆（下打水），大腿带动小腿向下摆动。右腿则同时上摆（上打水）。如此反复练习。

特别提示

在练习时，需要注意，上打水的幅度比自由泳上打水的幅度更大。

4.4 陆上单手腿部练习

1

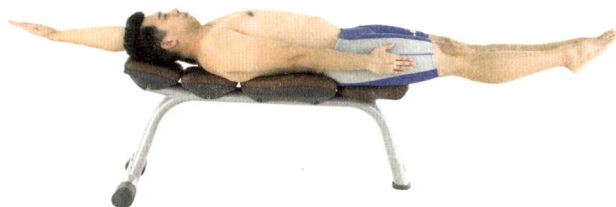

1

身体仰卧于训练凳上，左臂在头顶上方伸展，右臂伸直，紧贴身体右侧，双腿充分伸展，脚背绷直，脚尖稍内扣。

2

直腿下摆

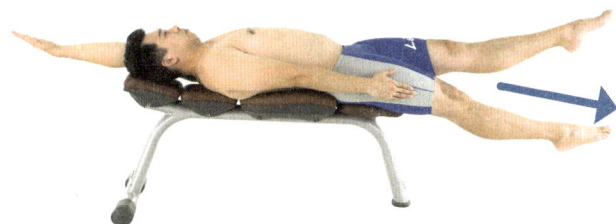

2

膝关节充分伸展，臀部肌肉缩紧，将整个右腿向下摆。双臂姿势保持不变。

3

向上打水

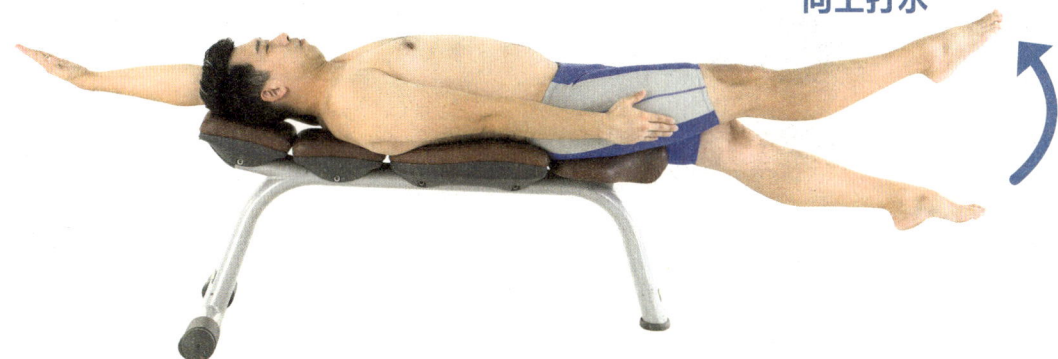

3

完成直腿下摆后，右腿大腿带动小腿，加大力量并加快速度向上打水。陆上练习时注意上摆幅度（在水中向上打水时，以膝部不露出水面为准）。然后双腿交替进行上摆和下摆练习。

1

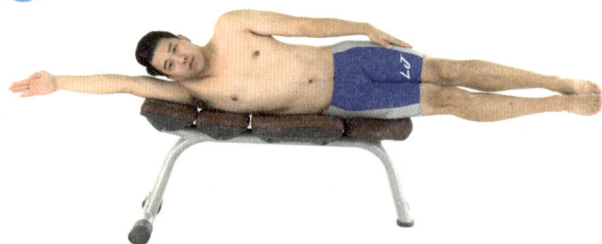

练习步骤

1

侧卧于训练凳上，右臂在头顶上方伸展，左臂紧贴身体左侧，双腿紧贴伸直，脚背绷直。

2

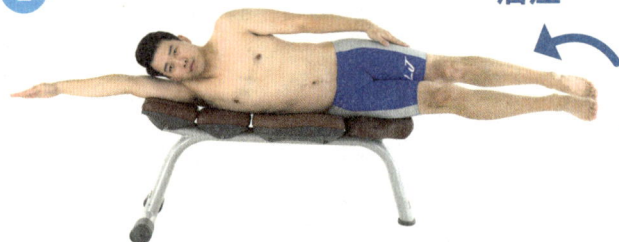

后压

2

右手外旋，掌心朝下。膝关节充分伸展，臀部肌肉缩紧，左腿大腿发力，带动小腿后压。

3

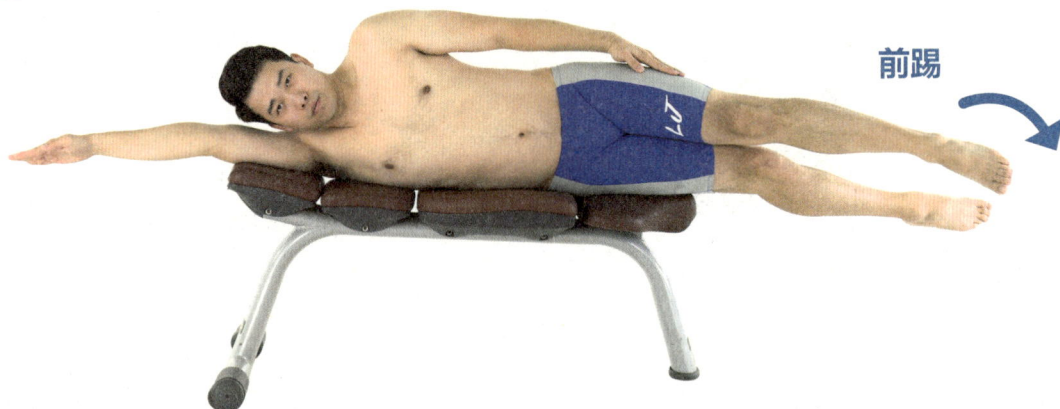

前踢

3

膝关节伸直，脚背绷直，准备转入前踢。左腿大腿带动小腿，加大力量并加快速度前踢。注意前踢幅度（在水中前踢时，以膝部不露出水面为准）。

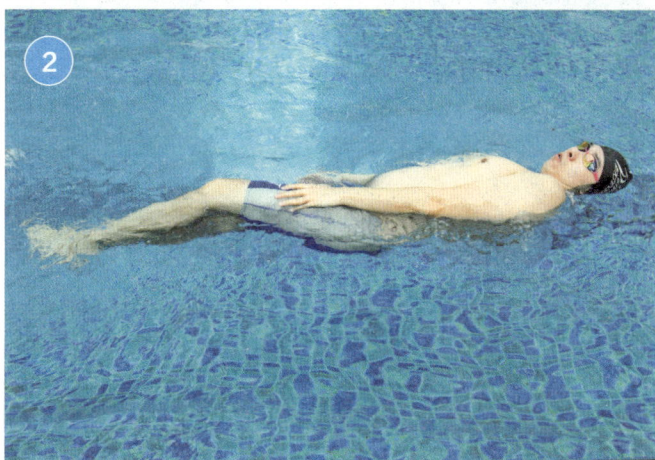

身体向右转动

练习步骤

1

呈仰卧姿势漂浮在水面，双臂贴在身体左右两侧。一边打水，一边将右肩向下巴方向转动，右髋跟随转动。

2

继续打水，左肩随打水动作向下巴方向转动，左髋也跟随转动。

3

重复动作，保持头部平稳，身体随着腿部的打水动作，向左右两侧转动。

特别提示 🛟

身体向左右两侧转动需要依靠压低肩部来完成，压低一侧肩部，身体就能自然地转向该侧。

利用浮板练习浮游

1~2

将浮板平固定在腹前，仰卧于水面，双腿平伸，双臂在头部上方伸直，保持身体平稳，呈现流线型。左臂向下划水，同时右腿下压，左腿上踢。

3~4

左臂出水上划，右臂向下划水，双腿交替打水。

5～6

右臂出水上划，左臂下压划水，双腿交替打水。如此循环练习。

练习步骤

1

仰卧于水面上，左臂在头顶上方伸直，从小指开始入水。右臂则下划至体侧。双腿交替打水。

2

左臂入水后，向左转肩，然后屈肘下划。右臂出水，在空中向前移臂。

3

随着身体的转动，左臂划水至大腿处，双腿交替打水。

4

右臂入水后前伸。利用手掌压水的反作用力和身体的转动，左臂迅速出水。肩部先出水，然后上臂、前臂和手掌依次出水。

5

向右转肩，右臂屈肘下划。左臂出水后伸直，向前移动。

6

左臂移至头顶前方，入水，右臂下划出水，完成一个手臂动作循环。

特别提示

仰泳的双臂配合一般为当一侧手臂入水时，对侧手臂出水。两条手臂相互配合，持续产生推进力。

扫码看视频

转肩侧身

继续转身

身体正面朝下

练习步骤

1

接近池壁（一划或者两划即可到达池壁）时，身体向左侧转肩，转为侧身姿势。

2

双臂都划向身边，利用左手抱水的力量继续转身，双腿保持打水。

3

转身至身体正面朝下。

特别提示

在接近转身位置时，保持呼吸的平稳和正常。如果呼吸过快或过慢，会影响游泳速度和效率。

④

头部下潜

⑤

蹬踩池壁

⑥

完成翻滚转身

练习步骤

4

利用右手抱水的力量，头部开始下潜。此时可以采用海豚式打水保持身体动力。

5

双腿弯曲，双脚用力蹬向池壁，手臂在头顶上方伸直，身体保持流线型。

6

继续利用蹬壁的力量，使身体呈流线型滑行并完成转身。

特别提示

翻滚转身需要较长的时间和较大的力度，因此入水前应充分吸气。在蹬离池壁后，双腿伸直，身体呈流线型向前滑行。滑行一段距离后，双腿要及时打水保持动力。

扫码看视频

练习步骤

1 即将到达终点时，加快手臂划水与双腿打水的速度。

2 一侧手臂用力划水，另一侧手臂向头顶上方伸直，准备触壁。

3 伸展身体，快速用力推压池壁。比赛中，池壁的该位置为终点计时板，运动员可以快速推压终点计时板，记录个人成绩。

5

第五章

蝶泳

　　蝶泳动作与蛙泳动作紧密相连，可以说蝶泳动作是在蛙泳动作基础上演变而来的。现代蝶泳动作的特点是：双臂和双腿均呈对称运动，身体在水中呈波浪式起伏。游泳者在划水和空中移臂的同时，还要进行上下打水的腿部动作，以提高游进速度。现代蝶泳动作的发展趋势是力求减小划水过程中形成的阻力，并保持均匀的游速。

扫码看视频

1

双臂在头部两侧
向前伸直

2

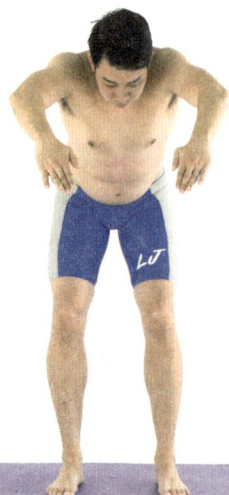

3

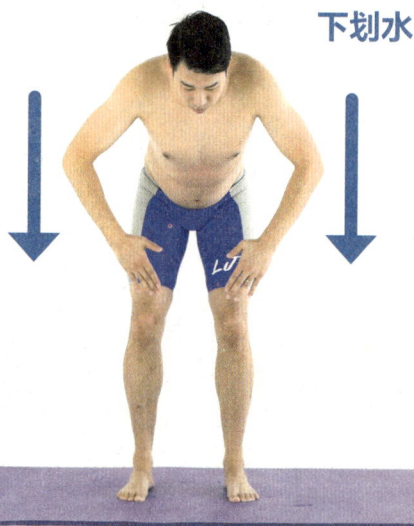

下划水

练习步骤

1

双脚分开，与肩同宽，站在瑜伽垫
上。双臂向前伸直，掌心朝下，低
头面向下方。

2

双臂屈肘，双手在两肩的延长线
上，手掌向下划水。

3

下划至肘关节屈曲 90~100 度，
此时两手之间的距离最近。

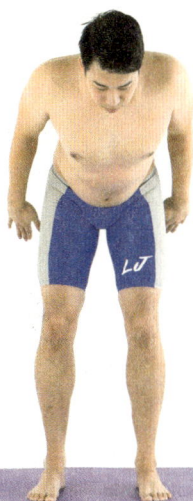

④

⑤

出水移臂

⑥

练习步骤

🌊 4

逐渐伸肘、伸腕，双臂向后划水至大腿后侧，上身随之上抬。

🌊 5

肩部带动手臂向上抬起至与肩平行，上身继续上抬。

🌊 6

双臂在身体两侧沿低平的抛物线向前、向内摆动至头部前方，上身随之前倾。

特别提示 🛟

双手的入水点如果相距太远，会导致划水的路线缩短，不能产生足够的推进力。

扫码看视频

练习步骤

1

双腿并拢，站在瑜伽垫上，双臂向上伸直，举过头顶，目视前方。

2

右臂保持不动，左臂做下划水动作。同时左腿先向后摆动，脚尖点地，然后向前摆动。

3

左臂继续下划至体侧，同时向左转体，左腿继续向前摆动。

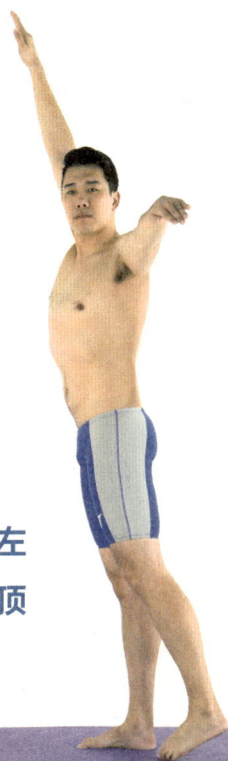

④

**左臂从身体左
后方绕向头顶**

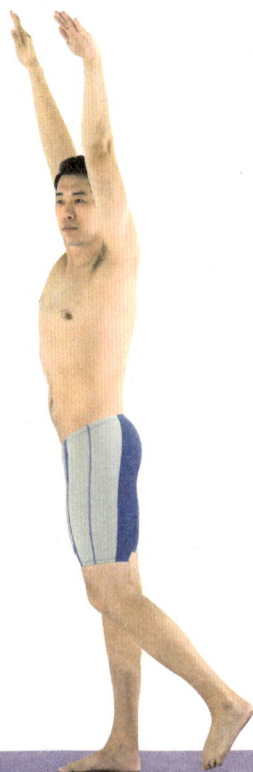

⑤

⑥

练习步骤

④

左臂从身体左后方绕向头顶，
同时左腿向后打水。

⑤

左臂继续绕向头顶，同时左
腿向前打水。

⑥

回到起始姿势。

扫码看视频

练习步骤

1

站于水中，弯腰低头，双臂向前伸直。

2

双臂开始下划，头部浮出水面，吸气。

3

双臂继续在水下划水至大腿两侧。

特别提示

在进行此项练习的时候，先以站立姿态练习。在动作熟练后，逐步加上向前迈步的动作，这样在划水时身体前进的动作能让练习者体会划水产生推进力的感觉。

4

肩部带动手臂向上抬起，至双臂出水时，头部向下，准备入水。

5

手臂张开与头部约呈45度时，手腕弯曲，掌心由外向内转，加速向内划水。

6

在空中移臂，头部继续向下。双臂向前伸直入水时，头部再次进入水中。

特别提示

注意保持身体的姿势和划水的力度，不要过于用力，以免引起肌肉疲劳和损伤。

1

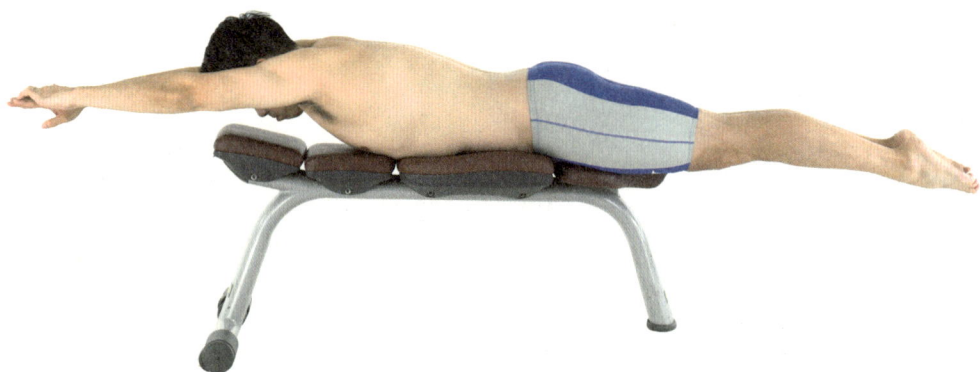

2

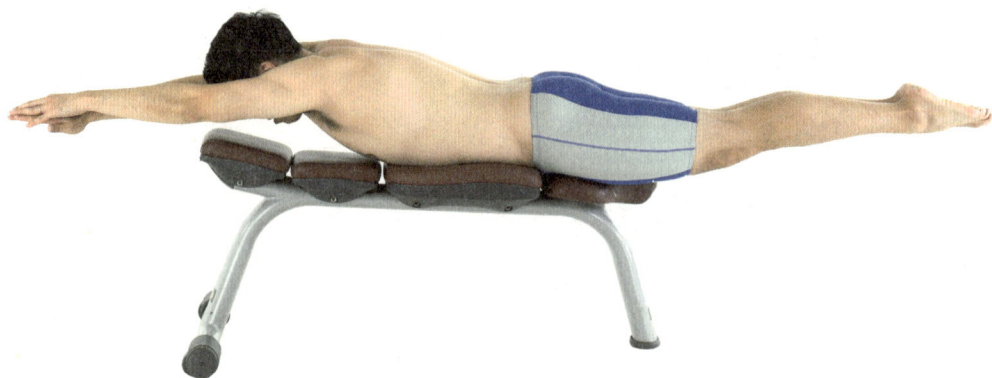

练习步骤

1

身体俯卧于训练凳上，双臂向前充分伸展，双手交叉相叠，双腿向后充分伸展，双脚脚背绷直。

2

双腿上摆，小腿略高于大腿。

3

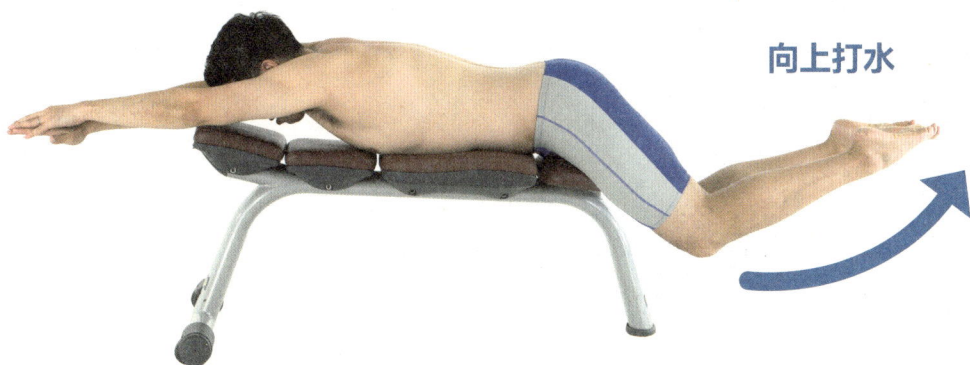

向上打水

4

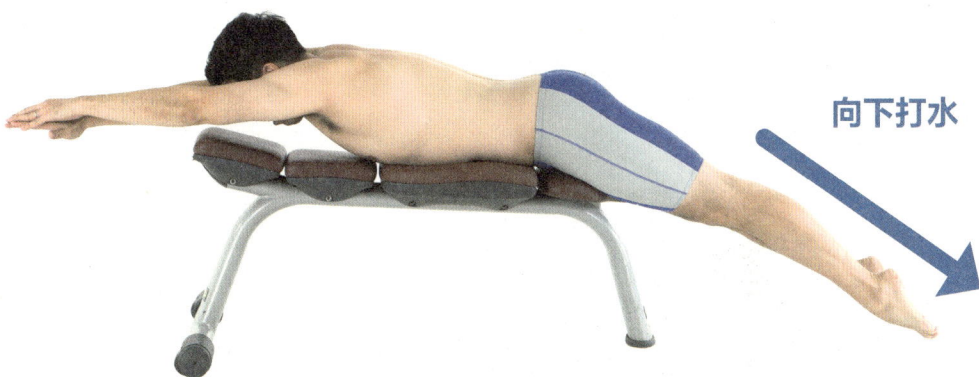

向下打水

练习步骤

3

双腿自然并拢，双脚稍稍内扣。臀部下沉，双腿屈膝，双脚上摆打水（在水中时，双脚上摆至接近水面）。

4

小腿下压，膝关节伸直，双脚位于最低点（在水中时，臀部接近水面）。髋关节约屈曲 20 度。

特别提示

在进行蝶泳腿部动作时，还要注意呼吸配合和身体姿势的协调，保持流线型姿势和呼吸顺畅，才能更好地完成蝶泳的动作。

①

特别提示 🛟

要保持良好的站姿，使身体重心保持平衡。

练习步骤

▸ 1

双腿并拢，站在瑜伽垫上。双臂向上伸直，举过头顶，双手交叉相叠。上身稍前倾，然后向前顶髋，带动大腿前移，双脚脚跟微微抬起。背部始终保持平直。

②

🏊 2

双腿屈膝，同时脚跟抬起。上身前倾，髋部后移，带动大腿后移，膝盖随即伸展，脚跟落于垫上。重复练习。

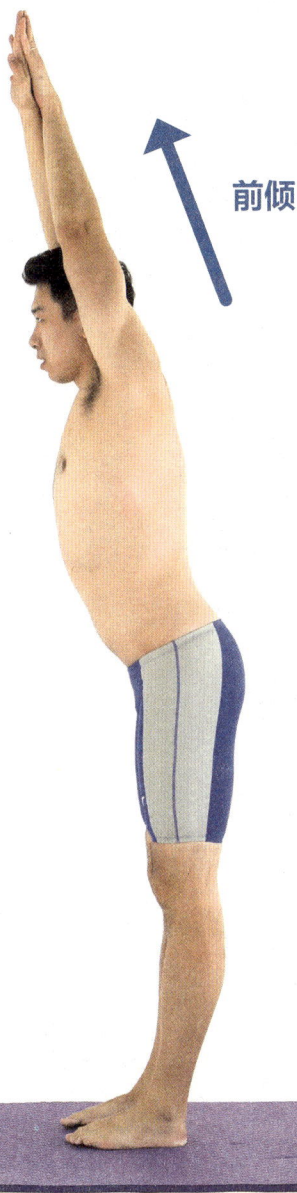

前倾

特别提示 🛟

站立蝶泳腿部练习可以有效地帮助初学者体会躯干带动腿部运动的感觉，感受躯干的柔韧性和力量，逐渐提高对躯干的控制能力。

5.6 水中垂直打水

① 小腿屈曲至约
与池底平行

②

练习步骤

1

双手抱住浮板，直立漂浮于水中，使头、肩浮出水面，运用躯干的力量带动小腿向后弯曲至约与池底平行。

2

身体重心后移，同时双腿向前摆直，注意保持身体平稳。

扫码看视频

双腿向下打水

练习步骤

1

身体呈俯卧姿态浮于水面。双臂在头顶上方伸直，双手交叠，双腿向后伸直。

2

腰部发力，带动小腿向上弯曲，踝关节放松，完成上打水。

3

臀部上抬，大腿下压，膝关节伸直。小腿随着大腿加速向下打水，双脚脚背绷直。

4

在下打水动作尚未做完时，大腿向上移动，小腿随后上移至膝关节完全伸直，下打水动作结束。

双臂抱水

练习步骤

1

深呼吸后，收下巴，手臂入水点在肩的延长线上，双臂同时入水。入水时，肘部略微弯曲并略高于前臂，然后带动前臂和上臂依次入水。头部在手臂入水之前入水。

2

入水后，双臂前伸，身体按照从腹部到膝部，再到小腿的顺序进行第一次打水。

3

先掌心朝斜下方外划，然后双臂向怀内抱水。抱水时身体要上移出水，为下一次划水做准备。

出水移臂

练习步骤

4

双腿进行第二次打水，伴随第二次打水，头部出水，吸气。双臂结束后划，出水移臂。

5

完成吸气，手臂前伸，收下巴，头部先行入水。

特别提示

在蝶泳中，借助双臂划水时水对身体的作用力，头部可露出水面，快速换气。手臂入水前，可将头部没入水中。

① 游向池边

② 触摸池壁

练习步骤

1

以蝶泳泳姿向池壁游去，快要到达时，伸直手臂。

2

右手触摸池壁，双腿并拢，屈膝团身，同时身体沿纵轴向左侧转动，抬头吸气。

转身

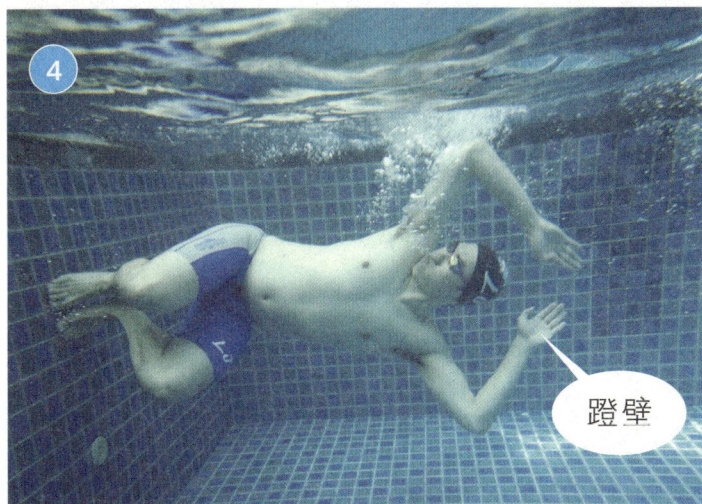

蹬壁

伸直手臂

练习步骤

3

右手离开池壁，身体继续向左侧转动。双脚抵住池壁，完成转身动作。

4

双腿屈膝蓄力，为蹬壁动作做准备。双臂屈肘上抬至头顶。

5

双手相叠，双臂伸直，双腿蹬壁发力，将身体蹬离池壁，同时舒展身体，利用推动力滑行 2~3 秒。

特别提示

转体时，要保持躯干在一条直线上，即颈部、背部保持平直，有利于保持平衡。

① 加快速度

② 触碰池壁

练习步骤

1

接近终点时，手臂划水与腿部打水动作均应加速进行，屈肘入水，空中移臂。

2

身体尽力趋向前方游动，低头展体，手臂向前伸直，以减小阻力，双手同时触碰池壁。

作者简介

张 宇

中国国家游泳队前队员，曾获第十一届全国运动会男子 100 米仰泳冠军。退役后一直工作在游泳教学的一线，培养出多位优秀运动员。